EXPLOREMOS LAS ESTRELLAS

por Walt K. Moon

BUMBA BOOKS™ en español

EDICIONES LERNER ◆ MINNEAPOLIS

Nota para los educadores:

En todo este libro, usted encontrará preguntas de reflexión crítica. Estas pueden usarse para involucrar a los jóvenes lectores a pensar de forma crítica sobre un tema y a usar el texto y las fotos para ello.

ediciones Lerner
Una división de Lerner Publishing Group, Inc.
241 First Avenue North
Mineápolis, MN 55401, EE. UU.

Si desea averiguar acerca de niveles de lectura y para obtener más información, favor consultar este título en www.lernerbooks.com

Library of Congress Cataloging-in-Publication Data

Names: Moon, Walt K.
Title: Exploremos las estrellas / por Walt K. Moon.
Other titles: Let's explore the stars. Spanish
Description: Minneapolis : Ediciones Lerner, [2018] | Series: Bumba books en español. Una primera mirada al espacio | Audience: Age 4–7. | Audience: K to grade 3. | Includes bibliographical references and index. | Description based on print version record and CIP data provided by publisher; resource not viewed.
Identifiers: LCCN 2017017564 (print) | LCCN 2017018985 (ebook) | ISBN 9781512497670 (eb pdf) | ISBN 9781512497663 (lb : alk. paper) | ISBN 9781541510630 (pb : alk. paper)
Subjects: LCSH: Stars—Juvenile literature. | Astronomy—Juvenile literature
Classification: LCC QB801.7 (ebook) | LCC QB801.7 .M658518 2018 (print) | DDC 523.8—dc23

LC record available at https://lccn.loc.gov/2017017564

Fabricado en los Estados Unidos de América
1 – CG – 12/31/17

Expand learning beyond the printed book. Download free, complementary educational resources for this book from our website, www.lerneresource.com.

Tabla de contenido

Las estrellas brillan

Las estrellas son enormes

bolas de gas.

Hay mil millones de estrellas

en el espacio exterior.

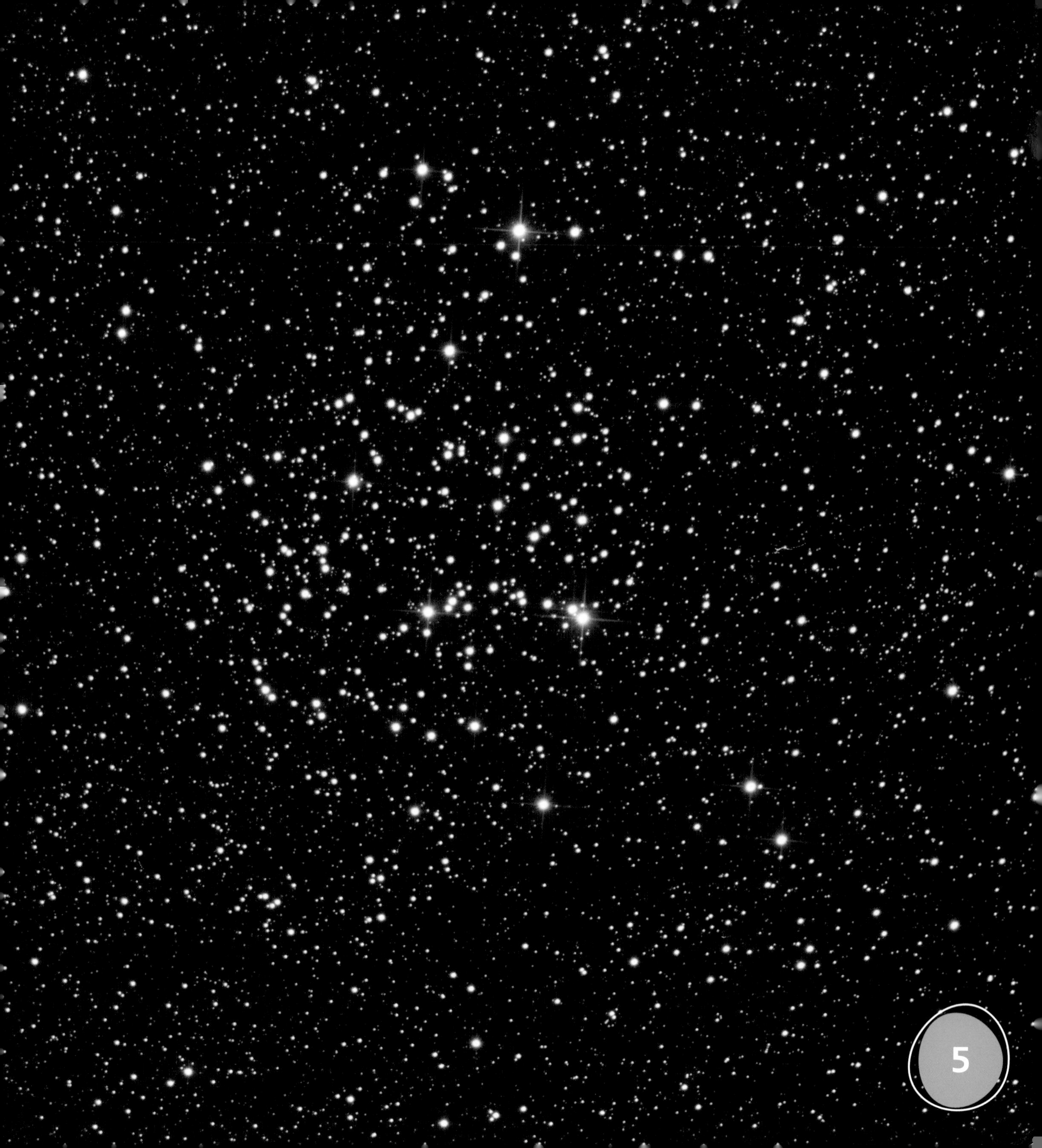

Las estrellas brillan mucho.

Ellas nos dan luz y calor.

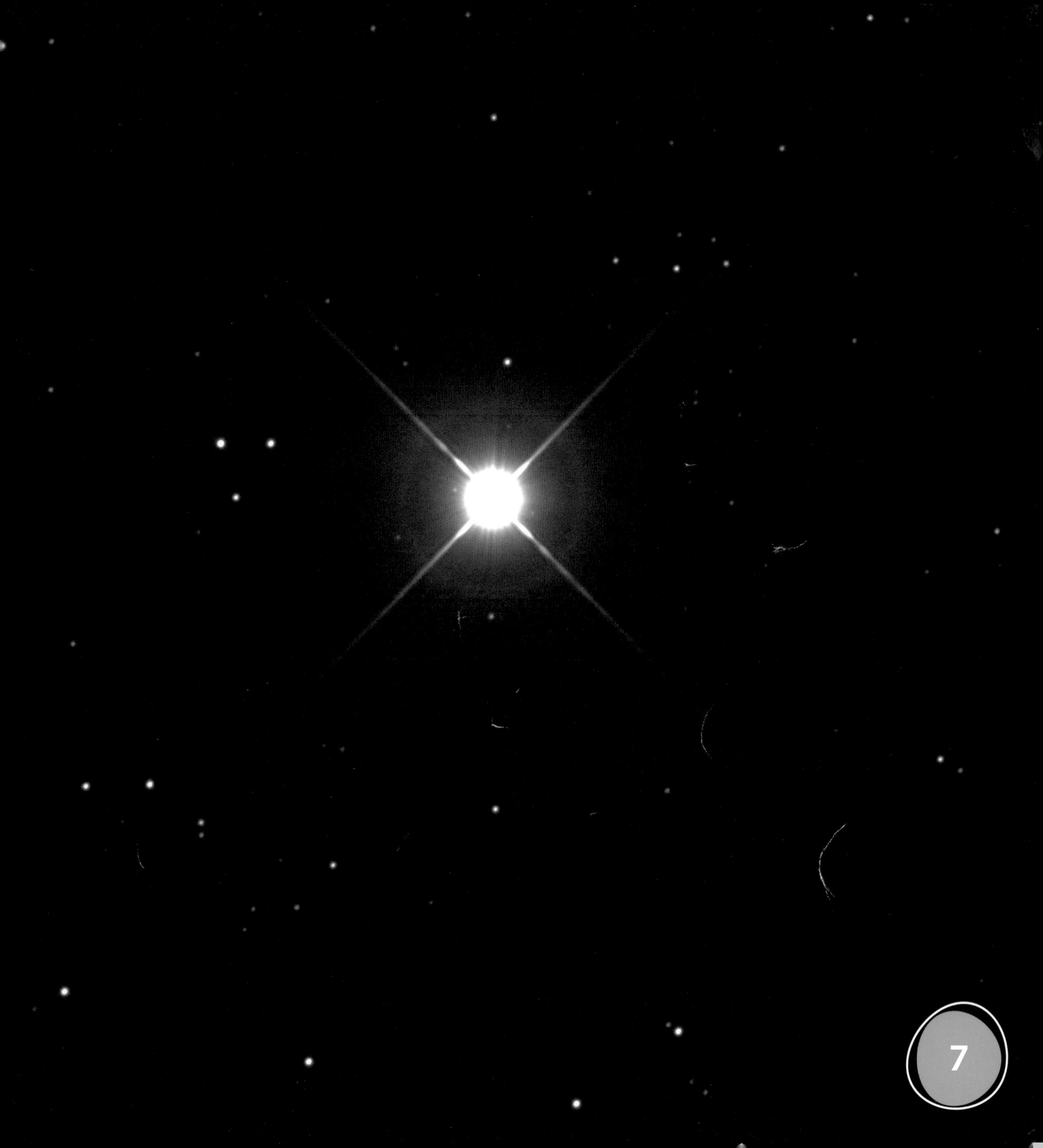

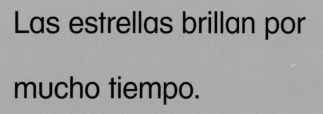

Las estrellas brillan por

mucho tiempo.

Duran mil millones de años.

El Sol es una estrella.

Es la estrella más cercana a la Tierra.

¿Por qué piensas que la Tierra necesita el Sol?

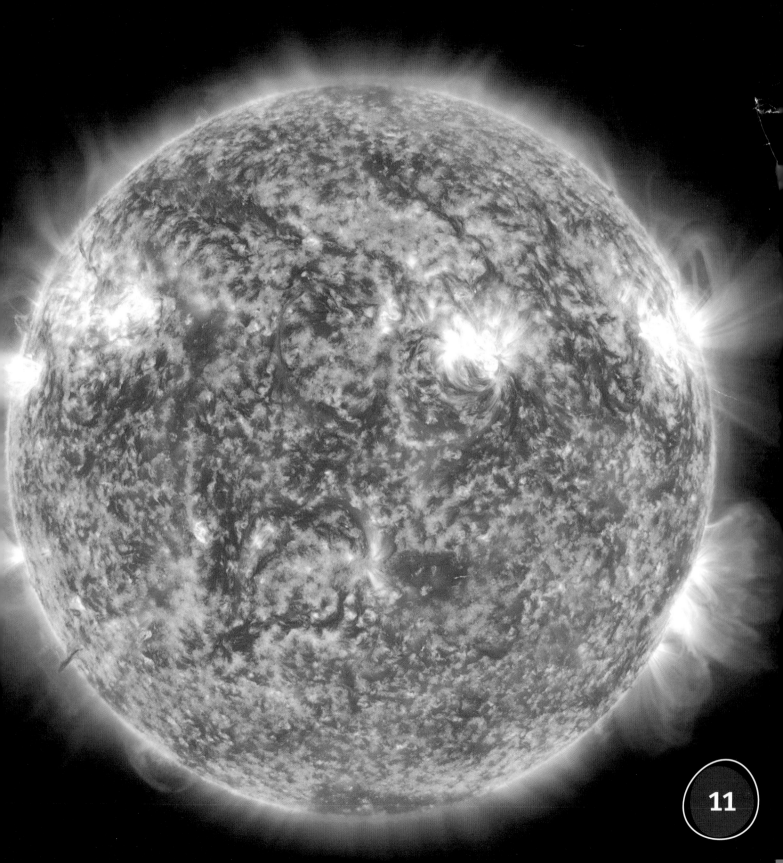

Podemos ver estrellas en el cielo

de la noche.

La gente usa telescopios para verlas

aún mejor.

Las estrellas se mueven a través del cielo.

Esto se debe a que la Tierra gira.

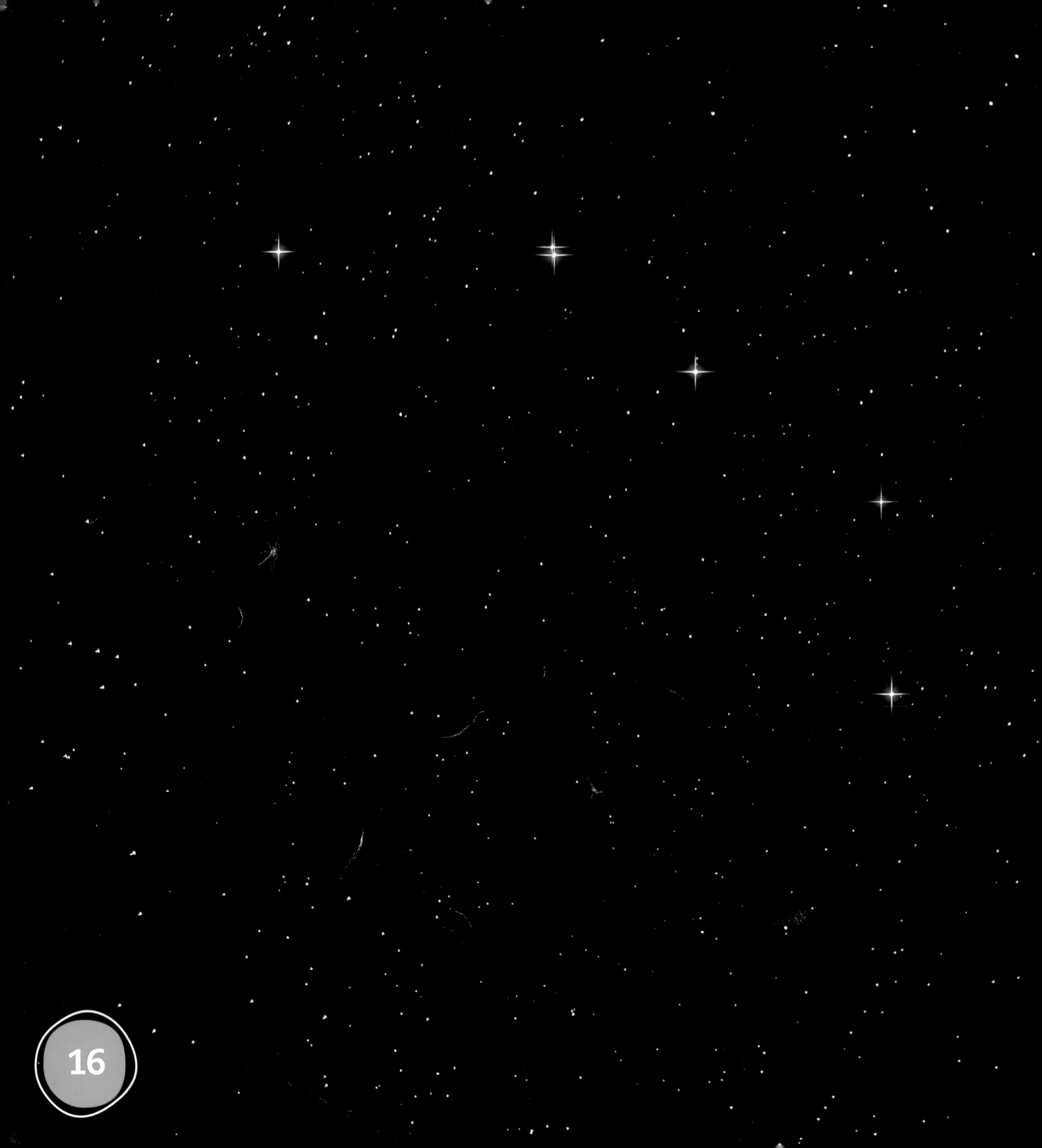

Podemos ver patrones y figuras en las estrellas. A estos se les llama constelaciones. La Osa Mayor es una de ellas.

¿Puedes encontrar la Osa Mayor?

17

Otras constelaciones

parecen personas.

Hay una que se llama Orión.

Parece un cazador con un escudo.

¿Has visto algunas otras constelaciones?

19

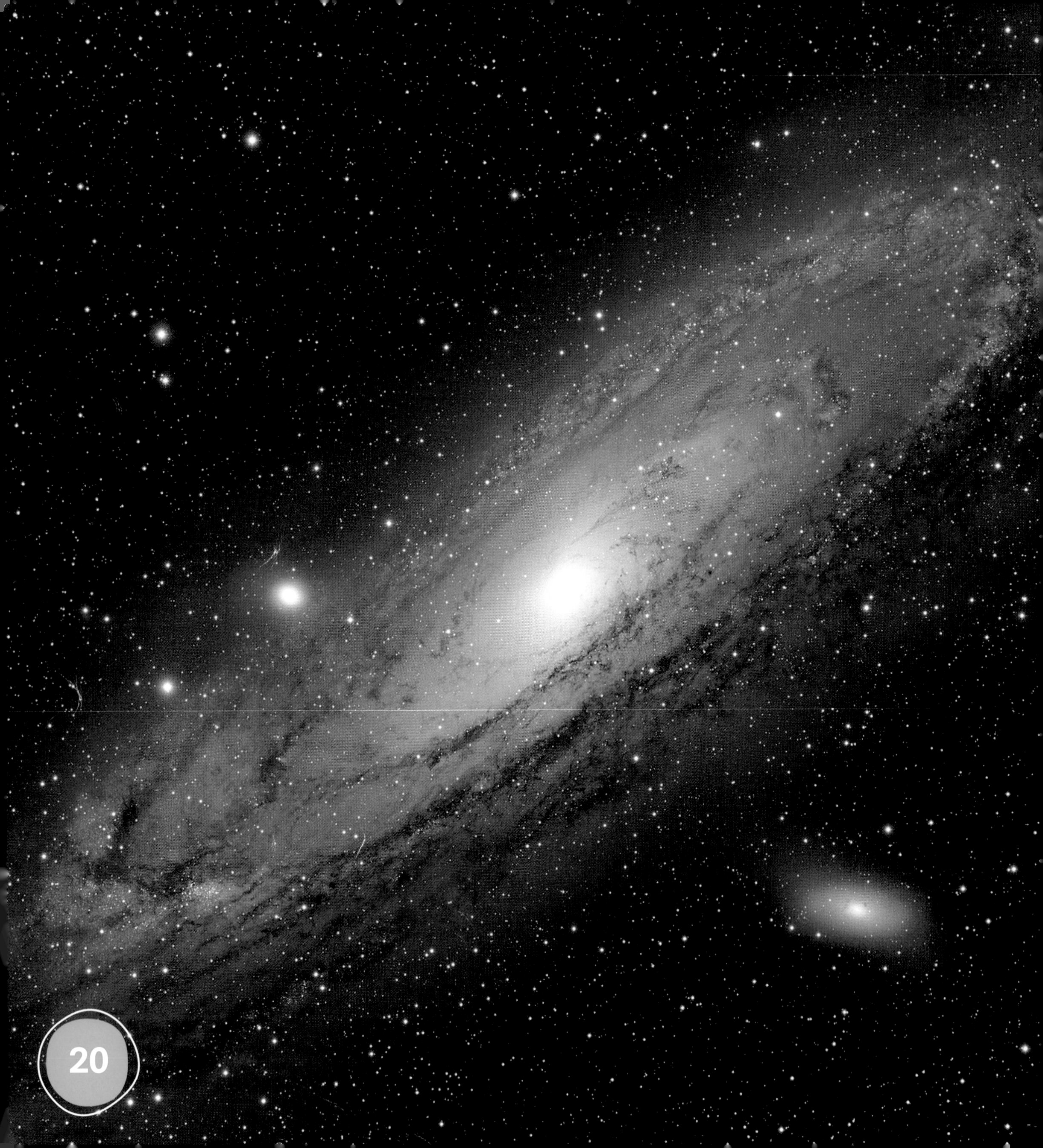

A los grupos de estrellas se les conoce como galaxias.

El espacio tiene muchas galaxias.

Juntas forman el universo.

¿Dónde está la estrella más cercana?

Sol

Tierra

El Sol es la estrella más cercana a nuestro planeta. Trae calor y luz a la Tierra.

Glosario de las fotografías

constelaciones

grupos de estrellas que crean figuras o formas

galaxias

grupos grandes de estrellas y planetas

telescopios

instrumentos que hacen que los objetos lejanos se vean más grandes y más cercanos

universo

todo el espacio y todo lo que hay dentro de éste

23

Leer más

Fishman, Seth. *A Hundred Billion Trillion Stars*. New York: Greenwillow Books, 2017.

Moon, Walt K. *Let's Explore the Sun*. Minneapolis: Lerner Publications, 2018.

Stanley, Joseph. *The Big Dipper*. New York: PowerKids, 2016.

Índice

Crédito fotográfico